PLAIDOYER

DE M͏ᵉ MARIE,

POUR PENARD (1).

Messieurs les Jurés,

On a beaucoup parlé dans ce procès de l'agitation qui a succédé aux journées de juillet. Cette agitation tróuvait son explication naturelle dans les circonstances générales dont je prendrai la liberté de vous entretenir, et aussi dans les circonstances spéciales qui, en décembre et février, se manifestaient d'elles-mêmes ; toutefois, on a jugé à propos de l'exploiter, et on en a fait la base d'un système qui a déjà produit et qui produira encore de funestes résultats.

Un cri d'alarme a été jeté. Parti du ministère, il a fait écho à la tribune nationale, et de là il a retenti dans toute la France. La France s'est émue, les haines se sont allumées, la discorde a agité ses brandons, qu'il sera difficile d'éteindre, entre Paris et les

---

(1) Appelé à parler le quatrième dans l'ordre des plaidoiries, je n'ai pas eu pour mission de traiter les questions générales du complot: ce travail appartenait de droit aux premiers orateurs. Dans le système général de l'accusation, j'ai cru apercevoir que le procès pourrait bien avoir pour but principal de tromper la France sur la véritable cause des émeutes ; dès lors il m'a semblé que je servirais la défense et que je détruirais en même temps le but de l'accusation, en indiquant, dans un aperçu rapide, la véritable cause de l'agitation qui règne en France. Tel a été l'objet principal de ma plaidoierie.

provinces; partout à la confiance a succédé la peur.

Cependant, le ministère public aussi s'est ému; et comme ses émotions se traduisent toujours en procès criminels, des procès criminels ont éclaté. Là où la raison et le bon sens ne laissaient apercevoir que des mécontents, le parquet a su découvrir des conspirateurs! Les prisons se sont ouvertes et remplies, et l'on a vu se renouveler ces scènes déplorables, ces conspirations improvisées, qui, sous le règne des derniers rois, ont excité parmi nous tant de scandale et de colère.

Les carlistes ont été les premiers poursuivis : on leur devait cette préférence, qui n'a été, peut-être au reste, qu'une tactique adroite. Ils sont venus rendre compte de leurs actions : eh bien! qu'a-t-on vu? Quelques hommes mécontents et qui avaient plus d'un motif de l'être, puisque juillet leur a enlevé leurs faveurs, leurs places et leurs pensions. Quelques nobles désappointés, qui auraient mieux fait sans doute de s'associer aux adieux chevaleresques de Châteaubriant, et d'accepter sa philosophie; mais des conspirateurs! aucun : je me trompe, le jury a condamné deux hommes obscurs, comme non révélateurs d'un complot resté idéal aux yeux de la justice ; et le ministère public a crié victoire! (1)

Je ne sais si les bonapartistes auront leur tour ; en attendant, voici venir la grande conspiration républicaine !.... Quelques étudiants dont le cœur a palpité aux misères de la patrie, dont l'ame jeune et neuve n'a eu d'autres torts que de se répandre au dehors avec trop de naïveté et d'abandon ; et à côté d'eux, des hommes à la raison élevée, au caractère

____

(1) Procès Geslin et Duez jeune.

fier et énergique, dont la conscience pure s'est ré-
voltée et a dû se révolter, à l'aspect d'une magnifi-
que conquête gaspillée par des ambitieux.

Ces hommes de juillet, ils ne pouvaient échapper
à leurs destinées ! vaincus, ils appartenaient de droit
aux échafauds de Charles X ; vainqueurs, on leur a
prouvé bien vite, que le pouvoir ne presse qu'avec
terreur et répugnance les mains assez puissantes
pour briser des trônes !....

Vous vous rappelez encore, Messieurs, avec quelle
pompe la conspiration républicaine a été annoncée ;
à l'audience tout s'est éclairci ; et l'accusation, si hau-
taine quand elle se parlait à elle-même, amenée devant les juges du pays, a imité aussi *ces anciens
chevaliers, qui combattaient non la lance au poing,
mais chapeau bas.*

Ah ! il y avait une noble satisfaction à offrir à de
nobles victimes ; mais l'autorité n'a pas compris encore, qu'il y a grandeur et non faiblesse à confesser
une erreur et à la réparer ; il faut donc combattre.

M. l'avocat-général a fait de vains efforts pour soutenir l'accusation ; ce n'est plus qu'un vieil édifice en
ruine, dont je rougis, en vérité, d'attaquer encore
les murailles.

L'acte d'accusation révèle, tout à la fois, la logique
et la pensée de ce procès. Il règne de l'agitation en
France, donc les républicains conspirent ; voilà la
logique : les conspirations sont la cause de l'agitation ;
cette cause doit être révélée au pays ; voilà la pensée.
Ainsi le procès n'est rien autre chose qu'un moyen
politique.

Et de fait, on a dit assez haut à la France pour
que ces paroles soient entendues : les républicains

conspirent ! voici les statuts de la république (1) ! ce sont eux qui excitent les émeutes, qui jettent partout le désordre, qui détruisent la confiance, rui= nent le commerce ! 93 est aux portes, que la société se mette en défense !

C'est au milieu de ces clameurs et de ces calom= nies, c'est sous l'influence funeste de ces préventions, que ce procès a commencé, que l'instruction a été suivie ; ou plutôt, le crime a été dénoncé, comme existant, avant qu'aucun fait n'ait été vérifié ; c'est un système construit *à priori*, en dehors des faits, sys= tème affreux qui a pour unité terrible.... l'échafaud !!

Le jour de la vérité est enfin venu. Déjà, les ora= teurs qui m'ont précédé, vous ont prouvé, Messieurs, que les troubles, les émeutes avaient été perfidement expliqués : qu'il y avait dans le peuple, malaise, mé= contentements graves manifestés avec plus ou moins d'énergie, mais qu'il n'y avait point de conspira= tions. J'irai plus loin. À côté de la preuve négative, je veux placer une preuve positive et chercher avec vous la vraie cause du mal. Puisqu'on a voulu as= socier la France à ces débats, il importe qu'elle sache dans quels rangs elle doit chercher les vérita= bles conspirateurs. On conspire contre un pays, soit en voulant marcher trop vite, soit en rétrogradant ; et s'il fallait choisir entre ces conspirateurs, mieux vaudraient, sans doute, ceux qui conspirent pour le progrès.

Messieurs, attribuer aux républicains, aux bona=

---

(1) M. Persil, procureur-général, montant à la tribune, a dit aux dé= putés : *je tiens les statuts de la république !*

partistes ou aux carlistes, l'agitation actuelle de la société, c'est, je le dis sans détour, ou manquer d'intelligence et de vues, ou se laisser aveugler par l'esprit de parti. Pour l'homme qui raisonne, ce mal social a des causes plus profondes et plus graves.

Toute révolution a une mission à accomplir : la révolution de 1830 avait donc la sienne. L'a-t-elle remplie? Non. Eh! bien là est tout le secret du malaise, et par conséquent des troubles et des émeutes, qui en sont l'expression énergique.

Tant qu'il s'est agi de détruire, il y a eu unité parfaite de pensée et d'action. La dynastie ancienne était dans la société française, comme un de ces éléments étrangers et hostiles, introduits accidentellement dans un corps, et que ce corps repousse avec douleur. Le moment de la colère devait arriver: il est venu; et trois jours ont suffi pour jeter à bas du trône une dynastie de dix siècles, dont les rois étrangers avaient prétendu ressusciter le cadavre.

Mais la destruction est le premier fait, le fait le plus facile des révolutions. Après avoir détruit, il faut organiser. Alors sur-tout l'unité de vues et de pensée est nécessaire; cette unité a manqué; et, pour excès de mal, l'organisation politique a été livrée à des hommes qui semblent n'avoir eu ni l'intelligence du présent, ni l'intelligence de l'avenir.

La crise était violente, je le sais; mais je sais aussi que la France livrée à son génie en serait sortie victorieuse. Les trembleurs et les ambitieux ont tout gâté. Les uns, peu faits aux habitudes demi-sauvages d'un peuple chez qui le bon sens remplace l'éducation, ont cru voir, incessamment, surgir le

fantôme de 93, au milieu des promenades de Ram-
bouillet et de l'Hôtel-de-Ville ; les autres, spéculateurs adroits, ont habilement exploité cette peur....
Un nom a été prononcé ; et Paris avait donné un
roi à la France, que les provinces ignoraient encore
les journées de juillet !

J'aborde, Messieurs, une époque délicate ; mais
rassurez-vous, rien d'hostile pour les hommes ne
sortira de ma bouche. C'est une page d'histoire que
je veux parcourir avec vous.

La nécessité, cette souveraine, devant laquelle se
courbent également les peuples et les rois, avait prononcé, a-t-on dit souvent, je le veux. Les résultats
sont bons, je l'accorde ; je n'attaque point ces résultats, mais la forme qui les a donnés.

Messieurs, l'élection d'un roi est chose grave ; à
ces grandes époques de leur destinée, les peuples
n'abdiquent pas, volontiers, les rôles qu'ils sont appelés à jouer. Il y a une différence pour eux entre
consentir et approuver. On ne l'a pas assez compris.
Il en est advenu, que le pouvoir est resté à la surface,
balotté entre tous les partis. Ses ennemis ont nié sa
légitimité ; les provinces en ont douté quelque temps ;
et, parmi ses amis eux-mêmes, ceux qui voient dans
ce monde, autre chose que la force matérielle, nécessité ou autre, ont cru ne pouvoir mieux l'affermir,
qu'en créant, tout exprès pour lui, une *quasi-légi-
timité :* être fantastique, sorti, tout armé, d'un cerveau
doctrinaire, et qui tient le juste milieu entre le droit
divin, la souveraineté du peuple et la force brutale.

Ainsi a été déposé, dans le sein de la société nouvelle un principe de doute et de défiance, et dès
lors un principe de malaise et d'agitation.

Cependant, la nécessité ne commandant plus, on devait-espérer du moins un prompt retour à l'ordre. Il fallait organiser la révolution, fonder les institutions nouvelles sur leurs véritables bases.

Organiser la révolution! eh! comment l'aurait-on fait? on ne l'a jamais comprise. D'ailleurs les événements ont leur logique, et dans la constitution politique d'un peuple, tout dépend du point de départ.

Une révolution n'éclate que lorsqu'il y a contradiction flagrante entre les institutions et les mœurs. Cette contradiction, elle existait lorsque s'est levé le soleil de juillet; eh bien, on ne l'a pas même aperçue. Nos hommes d'état ont cru qu'un volcan, comprimé pendant quinze années, avait fait explosion et lancé ses laves brûlantes, seulement pour dévorer une couronne et incendier quelques feuilles de papier, sur lesquelles un roi insensé avait jeté des ordonnances!

Ils n'ont pas vu, que depuis 89, à travers les épreuves rudes et sanglantes de 93, comme à l'abri des lauriers de l'empire et sous la charte octroyée de Louis XVIII, la nation avait grandi, qu'un peuple nouveau s'était formé, que la civilisation avait ouvert ses trésors à tous, et que tous dès lors, devaient compter pour quelque chose dans l'organisation du système représentatif. Ce progrès de l'humanité que Brougham a signalé, avec tant d'énergie, au parlement d'Angleterre (1), il s'était manifesté en France; on n'en a point tenu compte.

---

(1) Voici le passage du discours de Brougham auquel on fait allusion ici :

« Tel est l'état où est parvenu la majeure partie du monde, qu'il

Quel a été, Messieurs, le résultat de ce défaut de vues? Une charte nouvelle a été faite; dans cette charte et dans toutes les lois organiques qui l'ont suivie, le peuple s'est vu, comme par le passé, divisé en deux catégories : dans l'une, on a placé les hauts propriétaires, classe privilégiée, qui est aujourd'hui au peuple ce qu'était au tiers-état la noblesse et le clergé ; classe rétrograde qui demande le juste milieu, comme autrefois la noblesse et le clergé réclamaient le *statu quo :* dans l'autre, on a jeté pêle-mêle, les savants, les industriels, les artistes, toutes les supériorités morales en un mot, populace remuante, qui, n'ayant point été assez adroite pour acheter des maisons, ne mérite pas d'être associée aux droits politiques.

Ainsi, la société a changé dans ses mœurs par le développement des lumières, et les institutions sont restées les mêmes; elle voulait l'harmonie, elle n'a trouvé que de nouvelles discordances.

Et en présence de ce mal profond, on va chercher une cause de trouble dans les conspirations !!!

La jeunesse est turbulente, s'écrie-t-on! eh! comment ne le serait-elle pas? calomniée pour ses opinions généreuses, chassée même des conseils municipaux, on ne la reconnaît, comme vivante dans

---

» n'est plus désormais juste, convenable, *ni même sûr,* de laisser
» la masse du peuple privée d'une véritable représentation. Nous n'hé-
» sitons pas à exiger du peuple des marques de fidélité et de respect aux
» pouvoirs de l'état, nous n'hésitons pas à lui demander des millions,
» nous n'oublions pas de lui demander son sang dans nos guerres ; la
» seule chose que nous oublions, c'est de lui accorder les droits que lui
» méritent à si juste titre sa conduite et ses sacrifices. ... »

l'état, que lorsqu'il s'agit de verser son sang.

Les savants, les artistes, les industriels, les supe-
riorités morales s'émeuvent et s'agitent! eh! comment n'en serait-il pas ainsi? chassés des colléges
électoraux parce qu'ils ne sont pas riches, on les a
condamnés à la mort politique; et cependant, l'histoire des siècles leur apprend, qu'eux aussi ils ont
eu le pouvoir; que le pouvoir a toujours été dévolu
aux plus capables; que c'est-là la vraie légitimité. —
Souverains détrônés, croyez-vous donc qu'ils s'hu-
milieront servilement et sans murmures devant une
aristocratie d'argent! ah! c'est méconnaître et les
droits et la dignité de l'homme.

Messieurs, on a cherché les causes de l'agitation,
et on a dénoncé à la France les statuts de la République. Vaine parade! Je signale, moi, dans les
institutions, la vraie cause du mal, et je dénonce
à mon tour à la France, les statuts de l'aristocratie!!...

Au reste, les faits ont merveilleusement répondu
aux principes. Le trône était grand et fort, entouré
des hommes qui l'ont fondé; on l'a bientôt fait rougir
de son éclat roturier, et la noblesse et la fortune se
sont empressés à jeter la distance glaciale d'une cour,
entre le monarque et ses sujets.

Après avoir répudié les hommes, comment se
serait-on inquiété de leurs sympathies? A nous la
France! ont crié deux pays amis, la Belgique et la
Pologne : et la France, ce pays de la générosité et
de l'enthousiasme, la France si brillante, dans le
passé, de souvenirs nobles et chevaleresques, la
France est devenue égoïste et froide aux mains de
quelques froids spéculateurs, et il n'a pas dépendu
de ses hommes d'état, que son antique gloire ne vînt
se briser aux pieds de deux tombeaux !

Ce mépris des droits, ce dédain des sympathies nationales, voilà ce qui a irrité, ce qui devait irriter.

On nous parle bien haut des concessions faites par le pouvoir aux premiers jours de la révolution. On nous a étourdis en proclamant de nouveau, et la souveraineté du peuple, et la déclaration des droits ; eh, qu'importe ! la liberté a-t-elle donc attendu les journées de Juillet pour conquérir ses diplômes? Non, non ! Les principes sont posés; ce ne sont plus des mots ni des promesses, ce sont des faits que veut la France : à cette condition seule, le pays retrouvera le calme et la paix.

Messieurs, j'avais promis de rechercher, avec vous, la cause de l'agitation qui s'est manifestée à Paris et dans les Provinces ; je crois avoir tenu parole et vous avoir prouvé que le ministère public, en accusant les républicains, a calomnié une opinion, et qu'il a mal interprété les faits dont vous avez été tous témoins.

Maintenant, la cause se trouve dégagée des préventions funestes qui l'ont entourée dès l'origine. Eh bien ! que reste-t-il ? un fantôme que la nation rassurée peut à présent regarder en face.

Après ces considérations générales, est-il nécessaire, Messieurs, que je discute sérieusement l'accusation? elle a perdu le point d'appui qu'elle regardait comme le plus solide, je veux dire l'agitation et les émeutes. Que lui reste-t-il donc ?

Vous le savez, on avait annoncé un vaste complot qui, disait-on, prenait sa source dans la société de l'Ordre et du Progrès, dont Sambuc était le président; et qui avait, disait-on encore, des ramifications dans l'artillerie parisienne, dans la société des Amis du Peuple. Je comprenais l'accusation avec ce caractère d'unité donné au complot républicain ; car il avait alors une importance matérielle et morale : mais devant la lumière des débats, cette unité s'est perdue dans une sorte de trilogie judiciaire, inexplicable pour l'homme de sens.

Dès le début, avant qu'aucun témoin n'ait été interrogé, M. l'avocat-général a déclaré que vous auriez à juger, Messieurs les Jurés, non pas un complot, mais trois complots, tout-à-fait séparés les uns des autres, et qui n'auraient eu entre eux qu'un seul point commun, à savoir le but que se proposaient les agents. Puis enfin dans son réquisitoire, M. l'avocat-général n'a sérieusement insisté que sur un seul complot, celui des étudiants. Conjuration formidable en effet, dont le chef est Sambuc, rêveur allemand, à l'imagination toute française ; dont les affidés sont Audry, Rouhier, Penard, Chaparre, jeunes hommes de vingt ans ; dont l'agent principal enfin, est Gourdin, commissionnaire, qui paraît préférer de beaucoup le vin à la politique.

Mais du moins, tous ces conjurés, dont le ministère public s'est effrayé si fort, avaient-ils en eux ou hors d'eux des moyens d'agir ? Non ; point d'argent ; point de noms puissants pour les soutenir. Plusieurs d'entre eux, il est vrai, possédaient des fusils et des cartouches ! et cette possession si inexplicable apparemment, à notre époque, et à la suite d'une révolution, avait été considérée d'abord par l'accusation comme une charge grave ; mais, mieux éclairé, M. l'avocat-général y a renoncé.

Le complot était invraisemblable en lui-même ;

il était donc à peu près certain que les preuves man-
queraient à l'accusateur : c'est ce qui est arrivé. Les
preuves d'un complot sont internes ou externes.
Les orateurs qui m'ont précédé vous ont démontré,
Messieurs, que les conditions internes du complot,
c'est-à-dire la pensée, méditée, concertée, arrêtée,
le plan, le but n'avaient jamais existé ; je n'ai donc
point à m'en occuper. Parlerai-je des faits externes?
Quelles négociations ont été faites ? Dans quels
lieux des conciliabules ont-ils été tenus ? Quels
témoins sont venus déposer de confidences directes
ou indirectes qui leur auraient été indiscrètement
faites? On a beaucoup parlé de la société de l'Ordre
et du Progrès, mais le plan, le but de cette société
ont été parfaitement expliqués, et l'on chercherait
en vain une preuve de sa criminalité.

Les faits généraux, les faits particuliers eux-mêmes ont été abandonnés. Les témoins appelés sont
venus renouveler à l'audience leurs dépositions, et,
en très grand nombre, ils ont contesté l'exactitude
de leurs dépositions écrites. Le ministère public s'en
est plaint; il n'a trouvé d'éloge à adresser qu'à
deux hommes des faubourgs qui, seuls, ont con-
firmé l'enquête résumée de M. le conseiller instruc-
teur. Cet éloge, pour les uns, est un blâme pour
les autres. Or, voici ma réponse : ou les dépositions écrites ont été mal résumées par le juge,
alors il n'est pas étonnant qu'à l'audience les témoins
aient refusé de les reconnaître ; ou bien, sans y être
provoqués par personne assurément, ils sont venus
donner ici protection aux accusés, alors c'est qu'ils
sympathisent avec eux ; et s'ils sympathisent, c'est
que le mécontentement est devenu plus général au-

jourd'hui qu'il ne l'était en décembre. Or, dans cette manifestation de l'opinion publique, il y aurait non pas un argument pour M. l'avocat-général, mais une haute leçon pour ceux qui gouvernent!

Jusqu'ici je me suis occupé plutôt de la défense générale que de la défense particulière de Penard; c'est qu'en effet, Messieurs, j'ai à cet égard peu de choses à dire. On vous a démontré jusqu'à l'évidence que la société de l'Ordre et du Progrès n'était point une conspiration; s'il en est ainsi, Penard est innocent, car, apparemment, il n'aura pas conspiré tout seul.

Cependant une charge, une seule, s'élève; il faut la discuter. Il existait, a dit M. l'avocat-général, pour la société de l'Ordre et du Progrès, un réglement secret; ce réglement secret porte tous les caractères constitutifs du complot; o Penard en a reconnu le considérant et les trois premiers articles, donc Penard est coupable.

Le fait matériel est vrai, mais on l'interprète mal. Oui, sans doute, Penard a reconnu le considérant et les trois premiers articles du prétendu réglement secret; mais, a-t-il dit, jamais que ce réglement fût loi de la société de l'Ordre et du Progrès? que tous ses membres l'eussent voté et signé? non. Francfort qui paraît être l'auteur de ce réglement, ou plutôt de ce projet de réglement, le lui a communiqué, c'est ainsi qu'il en a eu connaissance; et même s'il ne l'a pas connu tel qu'il est aujourd'hui, c'est qu'au moment de la communication il était encore incomplet, et que Francfort ignorait même s'il achéverait ou non son œuvre. Au reste, si ce réglement secret avait été loi de la société de l'Ordre et du Progrès, il au=

rait dû être lu à la fin de chaque séance, l'un des articles consacre cette obligation ; Penard, membre de la société en aurait donc entendu maintes fois la lecture ; il aurait donc reconnu non-seulement le considérant et les trois premiers articles, mais le réglement entier. Or, son interrogatoire prouve qu'il n'a jamais connu que le considérant et les trois premiers articles. A-t-il voulu dissimuler une partie de la vérité ? à quoi bon ? Les premiers articles et le considérant sont ce qu'il y a de plus hostile dans ce réglement ; pourquoi donc Penard aurait-il manqué de franchise quand il pouvait en avoir sans danger ? L'interrogatoire de Penard devant le juge d'instruction, et ses explications à l'audience, sont donc parfaitement conciliables. Oui, il reconnaît le considérant et les trois premiers articles qu'on lui présente, mais comme projet d'une association que méditait Francfort, et qui probablement n'a jamais reçu son exécution, et non comme réglement de la société de l'Ordre et du Progrès.

Au reste, une dernière considération doit vous être présentée : en fait, il est certain que le réglement sur lequel on argumente, n'a jamais été signé d'aucuns des membres de la société du Progrès ; et ce qui le prouve, c'est que le ministère public n'a exercé de poursuite que contre quelques-uns des associés seulement ; or, si dans sa pensée le réglement est authentique et prouve un complot, évidemment il aurait dû les poursuivre tous : ou il a manqué à son devoir, ou dans son opinion intime le réglement ne signifie rien.

Je m'arrête ici ; l'accusation est vaincue.

Messieurs les Jurés ,

Ça été un spectacle triste et affligeant pour la justice que celui d'une accusation tombant de chute en chute à une question de non révélation, que la dignité de la magistrature a refusé de poser (1) !

Espérons que ce procès dégoûtera enfin de ces moyens politiques, odieux, renouvelés de la restauration. Ils s'expliquent peut-être sous un gouvernement despotique ; ils ne s'expliquent pas sous un gouvernement représentatif.

Que l'on conspire contre un homme, je le conçois : il est toujours facile de saisir et de briser une existence ; mais que l'on conspire contre une nation, pour lui imposer une forme de gouvernement qu'elle repousse, je refuse d'y croire ; à mes yeux, il n'y a pas là crime, il y a folie.

Messieurs, l'affranchissement, le développement des intelligences sont entrés pour quelque chose dans l'équilibre des forces qui gouvernent aujourd'hui le monde. De là vient, que de notre temps, une révolution ne s'improvise pas. C'est un progrès de l'humanité qui se réalise et s'accomplit.

La civilisation va grandissant depuis les premiers jours du monde. L'homme sage compte sur cette loi des choses. Il ne conspire pas, il observe, et le moment venu, il frappe ; il frappe, et sous sa main puissante s'efface le présent, et l'avenir commence !

---

(1) M. l'avocat-général, en terminant son réquisitoire, avait demandé, subsidiairement, que la question de non révélation fût posée à l'égard des principaux accusés ; la cour, après délibéré, n'a point admis le subsidiaire.

Quand Mirabeau donnant pour point d'appui à un immense levier, non sa raison individuelle, mais la raison publique, brise la chaîne des traditions ; quand sa voix, éclatante d'audace et de génie, proclame, à la face de l'univers, la régénération française ; ce n'est pas un conspirateur que le pouvoir puisse atteindre, c'est le missionnaire de la providence ; c'est le grand homme résumant en lui toutes les volontés. A lui, il appartient de dire dans le cercle de sa mission : la patrie, c'est moi. Je dis dans le cercle de sa mission, car, hors de ce cercle, ce n'est plus qu'un insecte, dont tout l'or de la cour ne raviverait pas la puissance perdue !

Ainsi marchent les événements. Dans ces grandes catastrophes qui font bouillonner les nations, l'humanité est tout, l'homme bien peu de chose. Tolérance donc à ces jeunes imaginations qui croient à la république, parce qu'elles croient encore à la vertu ! Le temps, la pratique des hommes et de la vie leur apprendront s'ils doivent renoncer à leurs projets ou s'ils doivent y persister.

La couronne arrachée aux jours de juillet, traîne encore sur le sol de la France. Tolérance aussi pour les hommes de cœur qui s'en affligent et s'en irritent !

Messieurs, nous avons déjà fait trop d'emprunts à la restauration. Ah ! laissons-lui du moins ses souvenirs sanglants, ses conspirations et ses échafauds !

FIN.